50 рисунков мандал животных книга для раскрашивания

Эта книга принадлежит:

_____

Alfie Freds

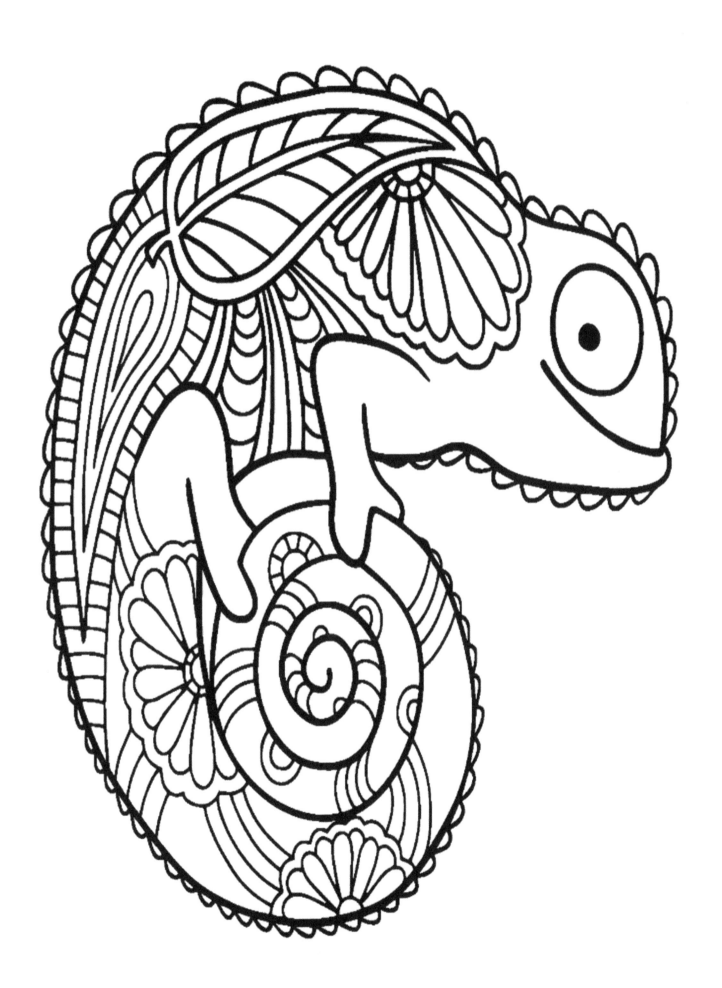

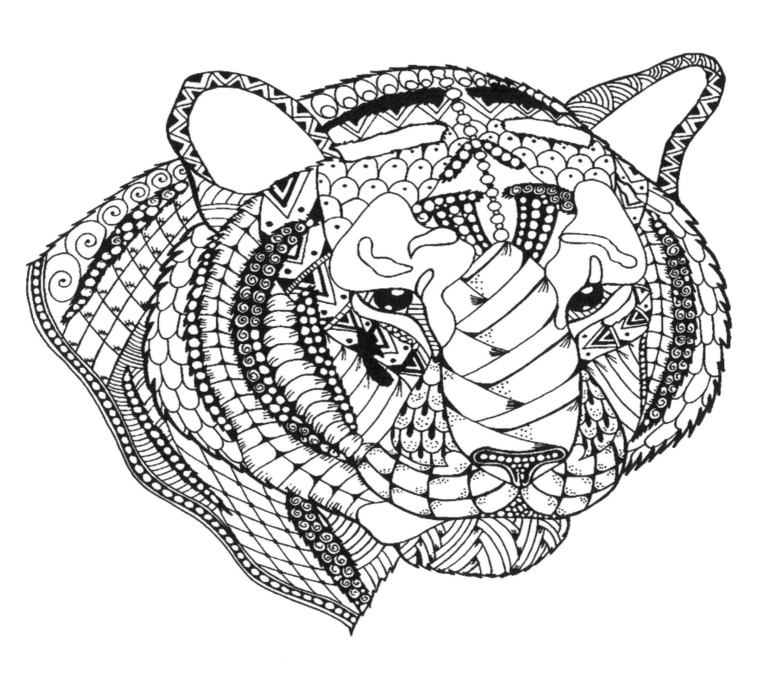

Спасибо.

Мы надеемся, что вам понравилась наша книга.

Мы очень ценим ваше доверие к нам и ваш отзывы очень важны.

Мы всегда стремимся улучшить наши книги и предоставить вам лучшие творения для наслаждения.

Пожалуйста, сообщите нам, как вам понравилась наша книга:

heianibooks@gmail.com

CPSIA information can be obtained
at www.ICGtesting.com
Printed in the USA
BVHW060918090621
609091BV00013B/1525